告別無憾

40則臨終安心指引

聖嚴法師

法鼓文化編輯部 選編

……編者序……

祝福心處理生死

人生沒有不散的宴席，有聚必有散，有生必有死。既然生死是不可免的，與其擔憂身後大事，不如提前做好規畫，讓死者無憾、生者無爭，在人生的最終一刻，得到所有人的祝福，安心地告別人生舞台。

生死無常，聖嚴法師常勉勵人們不要等死、不要怕死，更不必求死，為隨時可能死亡而準備，能夠如此，反能激發旺盛的生命力，活得更為充實。面對人生的生死大事，聖嚴法師說：「死亡不是喜事，也不是喪事，而是莊嚴的佛事。」既然生死是成佛之事，對於往生者抱持著送佛到西方的態度，心中將沒有死亡的畏懼，只有無限的祝福。

聖嚴法師一生致力於推廣佛法的臨終關懷，以及莊嚴環保的佛化奠祭，一改傳統繁複的喪葬文化，破除種種迷信的禁忌，讓人們能透過清淨簡約的佛事，達至生死兩相安。透過助念的關懷，撫慰徬徨無依的心；透過佛事的超度，讓祝福代替悲傷，安心告別。

人生的終點想要「善終」，需要懂得「善生」和「善別」。建立正確的生死觀，便能善生，能做好死亡規畫和接受臨終關懷，便能善別，如來如去得自在！

——法鼓文化編輯部

目錄

Contents

目錄

Contents

01 圓滿的生涯規畫

曾幾何時，社會興起「生涯規畫」的浪潮，由這股浪潮衍生出許多炙手可熱的學說、理論，包括第二專長的培養、性向測定、人格認知、人際關係處理、時間管理、開創人生第二春，甚至理財等等。這些知識的確可以幫助許多人適應或掌握變動不已的新時代，但可惜的是，極少人在談生涯規畫時，納入「死亡規畫」的概念。

生涯規畫應納入死亡規畫

反觀西方人，他們卻常在年輕時就已寫好遺囑，日後再視主客觀條件的改變予以修正。雖然臺灣社會目前願意在身強力壯時，購買保險的人口逐年增加，未雨綢繆的觀念比以前濃厚；但願意在花樣年華為自己規畫身後事的人，好像並不常見。我建議大家在生命的任何階段都應該思考死亡的問題，以免當「意外」發生時，令親友既悲傷又慌亂。

盡最後的生命責任

其實，死亡規畫既無須忌諱，也不複雜，主要包括遺體處理（安葬儀式）、遺產及債務處理，這是對自己及別人盡最後責任的具體表現。

這些事情沒有交代清楚的後遺症時有所聞，例如子女彼此信仰不同，為了父母該如何舉行喪儀、安葬，吵得不可開交。更有人為了爭遺產，妻子、兒女互控，因而鬧上法庭，這些事情對亡者及生者，都不平安。

曾經有一位姓唐的新儒家學者，他自己主張以儒家的「死，葬之以禮，祭之以禮」的方式來辦理個人的身後事。但是他母親過世時，他反而猶豫了，因為他覺得儒家儀式並不是他母親所需要的。

後來，他思索母親生前習性較傾向佛教，於是採用佛教儀式為母親舉行喪儀。有趣的是，他自己往生時，也採用佛教儀式。

一個人生前有宗教信仰，他的後事比較容易處理，子孫只要依從他的信仰即可；如果沒有宗教信仰，那麼遺族最好效法唐先生，站在亡者立場多加考慮。

——

（選自《歡喜看生死》）

聖嚴法師的叮嚀

了解死亡，
就不怕死亡。
要做到不等死、不怕死，
前提就是要正確認識死亡，
並隨時做好死亡的準備。

02

如何告別人生舞台？

恐懼死亡的原因大抵有兩種，一種是捨不得自己所擁有的身心和環境；其次，不知道死了以後究竟會怎麼樣？死後的一切充滿未知，這是讓我們感到恐懼的最大原因！

來世今生是幕前幕後

佛法講「三世因果」，人一定有過去世，也一定有未來世。我們對於過去世已無從得知，對未來也無法預見。但是佛法講因果、因緣，也就是過去、現在、未來都是有關係的，有因、有果的。例如，我們今天的對談，乍看之下是刻意安排產生的，實際上，應該是我們在過去世早已種下此因緣，現在才能夠有見面的機會。

換句話說，過去世就像幕後，今生就像幕前，在幕後的事情我已經忘掉了，此刻我在幕前。可是別忘了，節目剛開始時，我們也才從幕後走向幕前。我們出生時，彼此是陌生的，但是在業力的牽引下，因緣成熟了，我們就見面了。就像釋迦牟尼佛降生到人間之前，他的弟子們都陸陸續續先來了；當佛陀降世後，又有一些相關的弟子們也跟著來，所以，人間在那一段時間出現了好多大阿羅漢和大菩薩，其實他們是跟釋迦牟尼佛都是在過去世中就有緣的。

如果以這樣的角度來思考未來，那麼

現在世這個舞台就隱身成了幕後，未來世又變成了幕前，當我們離開現在世到了未來世，不過就是換了一幕場景、換一套衣服、扮演另一個角色；從幕後到幕前來，然後再隱退到幕後去，幕後又是另外一個世界。想通了這一層道理，就沒有恐懼的理由。

天下沒有不散的筵席

要不斷提醒自己，恐懼是多餘的；你愈恐懼愈浪費時間，生命愈可能走入低潮，或者將你困住，這是沒有意義的！

我們必須面對「有生必有死」的必然現象，猶如天下沒有不散的筵席。就像我們現在對談，結束後就要分開。見面是緣，分開也是緣，分開以後會不會再見面？以什麼樣的角色、在什麼樣的場合見面？不一定；如果真有因緣，就一定會再相見的。

不管時空如何轉變，在我的生命中，常常遇到這種情形，幾十年前認識的人，突然在某個場合不期而遇了，縱使外貌因歲月改變，甚至講話的聲音也不一樣了，但就是會有一種似曾相識的感覺，這就是緣。

所以面對生死，如果能夠很坦然，就像面對人生的聚散離合，會發現很多憂慮和恐懼真的沒有必要。

——（選自《不一樣的人生旅程》）

03

生命，
哲學難以解決的問題

生命是有生必有死，每個人都會「走」的，只是時間的早晚不同。就信仰來說，每一個正信的宗教，都能使亡者在臨終時有一個目標可以去，不會徬徨無依和心生恐怖。對於不同宗教的信仰者，我們可以用自己的信仰和當事人的信仰，幫助臨命終者到他想去的地方。

※ 需要宗教信仰的力量支持

面對生死問題，完全靠理性、知識的力量是不夠的，特別是面對親人的生離死別，光是理性的觀念紓解，未必能勇敢地面對和接受，此時必須靠宗教信仰。

例如，有一位很知名的人文學者，一向不主張人生需要宗教信仰，但是當他的母親往生時，他發現自己一生投入的哲學卻幫不了忙。於是，他開始接觸各種宗教，體會宗教是一種心靈的寄託，而佛教又特別強調能夠用自己的力量幫助自己。所以，人在生前最好要有宗教信仰，用宗教的力量來幫助自己；但如果生前沒有宗教信仰，就只好靠他人的力量來幫助自己。以佛教來講，念佛、助念就是藉由他人的力量，把心意與信心不斷地傳達給往生者，使往生者能感受得到他助的力量。

與其相信託夢，不如信佛

人在世的時候，因為有身體的關係，所以感受較遲鈍。但是當色身生命停止以後，只剩下敏銳的神識，尤其親人的念佛，往生者很容易接收到。如果親人往生時，家人不在遺體的身邊，即使是遠在海外的念佛和心念，往生者還是能感受得到。中國人迷信請法師誦經比較有用，其實法師主要是帶領亡者和家屬一起誦經、迴向親人。

至於有些人在親人往生後，會夢見親人，往往是因為親人對往生家屬的思念與懷念，因為夢只是夢，平時我們偶爾也會夢到某人，但不代表對方進入你的夢中，向你託夢。

原則上，亡者臨終以後，很快就到西方極樂世界或是投胎轉生，因此不需要託夢；生前造惡業的人，臨終以後很快就轉生地獄道或畜生道，他們也不需要託夢。

所以託夢，並不可信。

——

（選自《佛法的知見與修行》）

聖嚴法師的叮嚀

生命可貴，未必可喜；
死亡可惜，未必可悲。
如果沒有智慧，
不論是生或死，都是苦事，
就知道生死本是一線之隔的一體兩面，
生不是開端，死也不是結束。

Chapter

04

未雨綢繆身後大事

處理身後事，的確需要一番工夫，遺產、喪葬儀式，乃至債務的清償等，但是我認為生前做好對死的心理準備還是很重要的。

為身後大事做準備

中國傳統的農村社會，年過五十歲的人都會開始為身後大事做準備，譬如買好壽衣、壽棺和壽穴，這就是不想麻煩別人，並且還會未雨綢繆，為自己留一點棺材本。這種坦然面對死亡的態度非常健康，也非常值得現代人學習。因為臨終者並不認為死亡是悲慘的事，而下一代也不覺得長輩壽終不可忍受，大家都可以用理性、平靜的心情迎接必然來到的一天。

更深一層看，由於年過半百者預計自己將死，就會更積極去完成未了的心願，或為子孫積德造福；而子女也會自我警惕，把握時間行孝，以免有「子欲養而親不在」的遺憾。

死神隨時都可能降臨

時代演進到二十一世紀，人類平均壽命雖然延長，但對死亡的準備，反而不比農業社會那麼坦然自如。隨著醫藥科技的突飛猛進，大眾似乎普遍預期「人定勝天」，對於任何時刻都可能降臨的死神，失去隨時面對的心理準備，以致當來臨時，張皇失措而不能接受命終的事實。

表面看來，現代人受到較好的保護，壽命也延長了，但是死亡的機率其實並沒有降低。譬如，現代人死於天災的人口也許減少；但相對地，人禍方面的死亡機率卻增加了。譬如，交通意外事故、職業傷害，以及因環境汙染、過度開發破壞自然環境而死傷的案件，也是農業社會所少見。

科技時代的生活型態，降低了一般人對死亡的預期和準備。由迎接新生命這件事就充分反映這樣的心態。現代父母都是到醫院生產，原因不外乎在醫院比較安全，萬一發生狀況，可以立刻受到最好的醫療救援。但是先進的醫療技術、設備，是否真的能夠保證一定平安無事？好像到目前為止還不能吧！

從另一角度來看，醫院的功能是雙重的，一方面接受生，另方面也送亡。事實上，每個新生命在孕育、出生的過程中，都時時面臨病與死的挑戰，更貼近地說，人一出世，即與死亡連在一起。若能及早認清有生就有死的必然因果關係，就比較容易克服死亡的恐懼，坦然地接受死亡。

——
（選自《歡喜看生死》）

聖嚴法師的叮嚀

能夠居安思危，平常就要有準備。
可惜我們多半平時疏於準備，
心理上沒有準備，
狀況發生時心裡當然就會很慌亂。

Chapter

05

不驚不怖走向人生的盡頭

社會上不是每個人都能有一筆遺產以供晚年之用，如果自己沒有什麼積蓄，就要廣結善緣。

多結人緣多培福

農禪寺過去有位男信眾，他沒有什麼錢，但是幾乎每天到寺裡做義工，幫忙做一些小件的木工，也參加助念團為臨終者助念。

他往生後，我們以僧團行者（發心出

家，住在寺裡學習出家人的修行生活，準備因緣成熟時落髮的在家居士）的儀禮，為他安排後事，許多信眾及他生前的朋友也一同為他助念。這恐怕比他滿堂兒孫都要做得好，也比一些雖然富有，卻少結人緣的人要圓滿一些。

從容面對死亡

所以，擁有財富還得有智慧去運用，但如果沒有萬貫家財，就需懂得廣結善緣，這點很重要。

這位男居士不但安心地迎接死亡，更將餘年奉獻給宗教，像這樣願意付出的人，能從容地面對死亡，他不但生前做事利人，而且這樣的死亡態度也對後人有益。因為臨終者能夠不驚不怖走向人生的盡頭，這種平和的情緒也感染了周遭的親友，使他們不至於陷入悲傷的情境中。

（選自《歡喜看生死》）

聖嚴法師的叮嚀

多存好心、多說好話、多做好事、
多結他人的善緣，
自然能處處遇貴人，
處處交好運了。

06

最大的福報

一個真正有智慧的人，是生活得最愉快、最豐富，也是最懂得生活的人，所以也是有大福報的人。具備智慧的人一定有福報，一般人以為有財產、地位、名望、權力的人，才是有大福報，其實有智慧才真有大福報，沒有智慧的福報，足以使人痛苦、煩惱，所以沒有煩惱就是大福報。

受苦報和享福報

由於沒有煩惱，他可以自由運用自己

所擁有的一切，包括物質的與精神的，造福眾生，這是最大的福報。許多沒有智慧的人，雖有兒女、產業、地位、權力，卻是生活得相當痛苦；這種人是在受苦報，而不是在享福報。

若是有智慧，能夠運用在生活中，那麼就會時時過得很愉快。如果沒有智慧，就時時過得很痛苦。

兩天前有一位患了絕症的居士來農禪寺，問我怎麼辦？他已沮喪、消極到不想活，問我是不是早一點「安樂死」好。他認為既然是絕症，已非死不可，多活幾天、少活幾天都一樣，為什麼還要活下去受病痛的煎熬？

我說：「你沒有權利叫你自己不活，也沒有權利一定要活多久，你要順從因緣。能夠活而不活，是錯的；已經沒有辦法活下去還非要活下去，也是不可能。所以只要能夠活，即使剩下最後一口氣，你還是要珍惜你活的責任。」

❊ 順其自然

我還遇到一個情況，有一位一百零一歲的老人在醫院的加護病房住了很久，他的女兒問我：「師父，我的爸爸在加護病房已經很久了，靠機械幫助他維持生命，我們全家都受不了了，如果我的爸爸還活下去，我們全家都會被拖垮，該怎麼辦？」

我說：「順其自然吧！自然是最好的，不要不自然，否則，病人及家屬都受痛苦啊！」

她說：「師父，這樣我們不是殺了他嗎？」

我說：「我沒有叫你們殺他。能夠

用醫療治得好就治，可是現在他用機械呼吸，用注射補充養分，這已經不是自然了。」

類似這種情形有人問我，我通常都回答一句話：「自然是最好的。」這就是平常心。我沒有權利替他的家人主張怎麼辦，他的家人應該自己決定，帶一點點勉強是可以的，若太勉強就離平常心遠了，會造成太多的痛苦。

昨天還有人問我：「師父，您死了以後，法鼓山怎麼安排？」

我說：「安排什麼？」

他說：「你要寫遺囑啊。」

我說：「寫遺囑給誰？」

他說：「總要有一個交代啊！」

我說：「我還沒死啊！」

法鼓山已經在建設了，如果我今天就死了，可能會受到一些影響，但是法鼓山的理念照常會有人推動。佛陀涅槃後留下遺教，並未處理什麼遺產，所以我也會以平常心來處理。

——

（選自《動靜皆自在》）

聖嚴法師的叮嚀

所謂「慈悲」，
就是多為他人設想，
常替他人處理問題，
相對地，
困擾自己的問題也會愈來愈少，
那也就是有了「智慧」了。

07

發願把未來奉獻給眾生

很多人都會問：「人死後，還有什麼呢？」有！死後還會有另一個生命、另一個境界，但是我們不用因此而擔心死後的世界，不如發一個願，願意把自己的未來奉獻給一切眾生；發了這個願後，將會產生一股正面的力量，使我們的前途光明，來生會比現在更好。如果能夠發起這個願，必定也就可以安心地走了。

隨福報消業報

也有些病患臨終時身體非常疼痛，痛得連麻醉藥都沒有用。我認識一位大學教授的太太，她得了血癌，痛得非常厲害，不得已之下，她以拔牙齒的痛來取代身體上的痛，最後她把滿嘴的牙都拔光了。其實，臨終患者若能在疼痛的時候，不要認為那是你在痛，也不是真正的痛，這樣不但有助於減輕疼痛，而且在這一生最後的時刻，能有這種面對疼痛的經驗，來生將會有更大的耐力。

目前安寧病房可以採取的一些減輕病人疼痛的療護措施，也是很好的方法。只不過有些人以為臨終時身體疼痛可以消業障，所以寧願讓它痛，也不願接受止痛療護，這種觀念其實是錯誤的。因果業報之說，一定還要配合因緣；若從因緣的角度來看，有此好因緣，可以減少痛苦，那表示業報已經消了，就表示有福報，不必再受那麼大的痛苦。

建立正確的死亡觀念

我常勸人不要有等死的心態，但是要為隨時有可能會死而準備；也就是說：第一、不要怕死，第二、不要等死，第三、要準備死。什麼時候死亡會來，我們無法得知，但是要有下一念就有可能會死的準備；如果建立這樣的死亡觀念，不但不會怕死，也不是在等死，反而會激發旺盛的生命力，活得更充實些。

所以即使到了安寧病房的病人，也不是就在那兒坐困愁城等著死亡，要用修行的心態，只要活著還有一口氣在，就要與人結歡喜緣——與醫護人員結緣，與照顧自己的人結緣，與任何見到的人結緣，與有形、無形的一切眾生結緣，這樣即使是臨終，都不會減損其生命的意義與價值。

——（選自《法鼓山的方向：關懷》）

聖嚴法師的叮嚀

待人要有寬闊、柔和的心胸，
無論在何時何地，
都讓自己以及相處的人感到歡喜，
廣結善緣，而沒有遺憾。
如果抱持這種心態，
無論身在何處，
你一定是愉快的。

Chapter

08

人間菩薩現身說法

東初禪寺發生一件極有意義的例子：有一位中年女信眾得了末期癌症，全身都是癌細胞，非常地痛苦，然而到最後一天，她還到寺院來做義工，其他的義工也在陪著她，後來她痛到不能動了，才從東初禪寺送去醫院。

奉獻至生命的最後一刻

她在生命的最後一刻，雖然還在看醫生，但也不斷地還在奉獻。我告訴她：

「把病交給醫生，把生命交給佛菩薩，自己就沒事了。」所以她還來做義工，把能用的生命用到最後，這種精神非常了不起。

善用如幻的身體

這樣的人雖然害了末期癌症，但我認為她是健康的，能將身體用到最後一刻，真不簡單！這就是以六根為工具，好好利用這個如幻的六根，到最後就捨掉，死了以後燒了，燒掉就沒有了，此為幻化。在幻化的過程中，她善用這個身體，也結了許多的人緣，很多人在她過世以後，還在懷念著她。

癌症末期是很痛苦的，當這位義工菩薩死的時候，面部表情不是很好看，但是經過八小時的助念以後，臉孔轉變成紅潤而年輕，還面帶微笑，親友們，特別是她的丈夫看到了，都非常驚奇，因為她的丈夫已經很多年都沒有看到她如此安詳的表情了。這位義工菩薩到最後還在用這個如幻的身體在對她的丈夫和親友們說法。

（選自《觀音妙智》）

聖嚴法師的叮嚀

過去有因緣福德的，
未來就會遇到好因緣；
過去沒有因緣福德的，
現在就要多奉獻、多結人緣。

09

「我」是變化無常的

曾經有些西方人問我，在遇到自己或是親人往生時，該怎麼辦？

由於西方人不習慣念佛，因此我多半教他們念《心經》，或是教他們了解佛法中「無常」、「無我」、「空」的觀念，理解生命的存在有種種生、老、病、死之苦，這在病苦與死苦的當下，特別容易感受到。

※ 身體就是一個無常

此外，如果臨終病患能夠接受「我們的身體就是一個無常」的觀念，那麼他的心一定也會比較安定，因為他能了解身體從生到死天天都在變化，每天都有不一樣的感受，不一樣的情況；身體既然是無常，那麼這個「我」也不是真實的，所謂的「我」只是念頭的連續而已，就像把一張一張照片分開來看，每一張都是獨立的，連接在一起，就變成是一部動作片的電影。

※ 無常、無我、無恐懼

知道我們身體是「無常」、念頭是「無我」，那麼生命的結束，也就沒有什麼好怕的。若能不恐懼、不擔憂，當死亡——這件自然的事實出現時，就能夠內心平和地面對它、處理它。

（選自《法鼓山的方向：關懷》）

聖嚴法師的叮嚀

如果我們能夠放下我執，
不以自我為中心，
任何事情都能看得開、
看得淡、放得下，
而且能夠包容所有的人、所有的事，
自然而然就不會有偏見，
當然就沒有煩惱了。

10

絕症病人的心理建設

當你知道親人得了不治之症，該不該告訴他本人？那必須看他是不是已經做好了心理建設。

告知病情的三種情況

第一種情況是，患者本身並不知道病情嚴重，心理上沒有任何準備，根本無法接受即將面對死亡的事實，如果立即把實情告訴他，他的心情很可能馬上就一落千丈；本來還不會死得那麼快，一聽到病況嚴重後，很可能一下子就被你嚇死了。另一種反應是，患者不願接受事實，整天鬧情緒，吵得家裡上上下下六神不安、雞犬不寧。對這類病人，應該等他做好心理建設後，再告訴他實情，比較好些。

第二種情況是，患者本身的心胸原本就很開朗，對生死之事早就有了心理準備，隨時可以告訴他實情，不會有什麼麻煩。

第三種情況是，病人本身長久經過許多努力之後，心裡知道病情並不樂觀，那就不要欺騙他，告知實情之後，和他共同度過人生最後一段旅程，讓他在平靜、安詳的生活中，不慌不忙地走完這一生，這也是很好的處理方法。

※ 宗教的信心最重要

面對生死大事，一個人必須有心理建設，其中又以宗教的信心最重要；沒有任何一種心理建設比宗教信心更重要。

但是，有一些人你叫他做什麼都可以，就是不願意相信宗教。中國社會中有不少這種人，尤以知識分子為多。他們以為：「人生就是這樣子，有生必有死，生是自然，死也是自然，有沒有宗教，都無關緊要。」這種人不想要宗教信仰，旁人也不需要強迫他，這時候你可以告訴他：「你不信宗教沒有關係，不過，我相信，我用真誠的心為你祈禱，這是對你的一份關懷，對你沒有什麼妨礙，也沒有什麼壞處。」當你虔誠地為他祈禱，他會漸漸地感受到你的真誠，慢慢地也能受到你的影響，他的態度和口氣都會順著你說：「好吧，那我自己也念佛祈禱。」——這時候，他會培養出宗教的信心。

引導絕症病人建立宗教信心時，最重要的就是不要強迫他，要以感性的溫馨、理性的慰勉，慢慢地勸導。如果他還是堅決不願相信宗教，我們還是繼續為他祈禱，對他還是有用。

（選自《叮嚀》）

聖嚴法師的叮嚀

危機感和恐懼感並不一樣，
在恐懼的狀態中，
很容易發生危險；
但在危機感之中，
對未來所可能發生的問題，
都有所思考與準備，
多一分準備，少一分危險，
自然能夠常保平安。

II

如何告知病情？

患者罹患重病，是否要告知實情，沒有一定標準，因人而異。要看病人及親人的心理狀況如何，再隨緣制宜。

不等死、不怕死、不求死

我曾遇到一位癌症末期的病人，他的家人在他面前都不提病情，但背地裡卻又非常地焦慮，告訴我說：「大概已經不久人世了，但沒有人敢告訴他實情，怕他衝擊太大、受不了。」

他的家人希望我去慰問、關懷患者，我依家屬所託，明明知道他的病情不樂觀，還是要告訴他：「沒有關係，念念觀世音菩薩，很快就會復元了。」

結果他對我說：「師父，我知道大家都在騙我，我早已知自己不久人世，為了不要讓他們傷心、憂慮，也只得向他們說：『放心，過一陣子就好了。』大家都在演戲啊！」他說：「我很清楚自己的身體狀況，大家不告訴我，但我知道我已經到了要走的時候了。」

我勸他坦然和家人談談，免得家人不敢談後事。話說開來後，大家坦然面對，該來的總是會來，他並告訴家人：「心境已準備好，已無所求，準備等佛菩薩來接我。」我告訴他，不要等死、不要怕死，更不必求死，時時念佛，能念多少，就念多少。

死者無憾、生者無爭

一般癌症末期的患者，癌細胞會擴散，臨終前會痛苦不堪，這位患者臨終時沒有任何痛苦，走得很安詳。如果病人怕死，不願面對死亡，跟他說病情時，可能會讓他驚恐、緊張，原本還沒到死的地步，反而被嚇死了。因病人怕死，受不住驚恐和緊張。愈是怕死的人，愈無法面對死亡，臨死前會很痛苦、很恐怖！對這樣的人，還是將病情隱瞞起來比較好。不知情的情況下死亡，來不及驚恐就往生了，但可能很多事情來不及交代。

人生在世，終究會死，即使沒有病也會死。因此，病人生病時可以告訴他應該先有死亡準備，比如預立遺囑、後事該如何辦理等，讓自己心中沒有牽掛，也不會留下子女爭產等後遺症。立遺囑可包括：

財產如何處分、事業如何處理，未了心願如何了結等。

病人不喜歡提及死亡，但是人人都要為死亡做準備，就後事做好交代，讓死者無憾、生者無爭。

（選自《方外看紅塵》）

聖嚴法師的叮嚀

當對生命的價值及死亡的意義，
有正確的認知。
對於生命要充滿了希望的信心，
對於死亡要做好隨時的準備。

Chapter

12 照顧最後的平安與尊嚴

臨終關懷不只是心理、醫療層面的問題，許多時候宗教信仰更能協助病人，不一定是佛教，其他宗教也可以。例如在自然死亡的過程中，雖然已經使用麻醉或止痛藥，但病人還是很痛苦，此時是否有更好的辦法來協助他們？

給臨終者信心

佛法就是給臨終者信心，教導他們不要認為自己是在受折磨，而是面臨一個新旅程的開始。在這段疼痛的時間中，一定要努力走上一個新的境界，雖然辛苦，走過以後，前面就是光明的景象，這是第一種方法。

願代眾生受苦

另外一種是轉移法，即觀想自身的痛楚是許多眾生的苦，自己正在為他們受苦；自己受了苦以後，其他眾生就不用受同樣的苦，因為是甘願接受這樣的苦，自然不需要掙扎，也不會認為自己是逆來順受。其實，身體的疼痛不是最苦的，心裡的掙扎才是最苦的；心情放鬆了，身體的苦也就不那麼強了，這是一種「觀想」的修行方法，對於臨終時神智清楚且身體非常疼痛的人是有用的。

而在關懷臨終的病人時，除了為他

念佛，一方面也要講述佛法的觀念，告訴他這一生無論過程如何，他的心都是非常善良的，大家正以願心祝禱、幫助他，未來一定會往好的方向去。請他一定要這樣相信，歡歡喜喜地往生，這也就是所謂的「善終」。善終並不一定就是無痛、無病的往生，有病有痛也可以善終，只要觀念正確、正念分明，臨終可以很莊嚴也很有尊嚴。

——
（選自《不一樣的生死觀點》）

聖嚴法師的叮嚀

我們為亡者舉行喪禮時，
應該抱持著祝福的心情，
將其當成舉辦一場送行的儀式一樣。

Chapter

13

器官捐贈是慈悲的菩薩行為

所謂「死後全屍」這種觀念，是中國儒家的想法。其實，儒家的想法也不一定要求死後遺體能夠完整，應該是說到死為止，你是不是把父母給予的身體好好地使用和照顧了？如果沒有珍惜自己的身體，讓它變成傷殘，那就對不起父母了。我想，這是儒家所謂孝道真正的精神，並不是說死後身體一定要完整。人死了之後，身體都會腐爛，這是誰都知道的。

至於佛教，根本沒有死後保全屍體的觀念。在印度，人死了以後很少土葬，多半是用火葬或者水葬，有的則用天葬。釋迦牟尼佛死了以後也是用火葬，所以佛教徒並沒有死了以後，身體一定要保存的觀念。但是佛教傳到中國以後，佛教徒也有主張土葬的；或是死了以後能夠全身不壞，塗個金就變成了肉身菩薩，像這種信仰也有。

布施身體給眾生

可是從根本的佛教教義來講，我們這個身體是臭皮囊，活著時用它來自利利人，死了以後是沒有用的。所以，能夠捐贈給人家廢物利用，是一樁功德。甚至如果有眾生需要，就是活著時，也可以把自己的身體拿出來布施給眾生，這在佛經故事裡有滿多例子。所以，站在一個佛教徒的立場，我贊成器官捐贈。

一般人在沒有生病以前，總覺得器官捐贈是別人的事。其實，器官捐贈是一個互助的觀念。如果死後自己的器官還能留下來，在另外一個人的身上繼續發揮功能，那麼自己的精神還在，也可以說是自己的慈悲心在，自己的功德在。再說，說不定哪一天自己或家人也需要人家的器官來幫助。所以，國人應該響應簽署器官捐贈卡。

菩薩道難忍能忍、難捨能捨

一般來講，當身體冷卻之後，神識就算離開了。雖然腦部已經不起作用，但是由於神識的執著，他還會執著肉身，但這不是痛，只是覺得捨不得，認為這是「我」的身體。因此，佛教徒有這種觀念，死亡以後不要動他的身體，你動了，他的神識會產生瞋恨心。但如果是一個真正受了菩薩戒、發菩薩心的人，應該能做到「難忍能忍」、「難捨能捨」。捐贈器官這件事情無論生前或死後都能做，這就是以自己的身體在行菩薩道。

——（選自《不一樣的生死觀點》）

聖嚴法師的叮嚀

菩薩誓願，
捨己救人，
乃是往生佛國的增上緣。

14

人生最後的一件大事

以佛教的立場，死亡不是喜事，也不是喪事，而是一項莊嚴佛事。而什麼是佛事呢？廣義地說，凡是信佛之事、求佛之事、成佛之事，都叫作佛事。佛說人人都有成佛的可能，只要能信仰佛所說的成佛方法並照著去做，必將可以成佛。所以佛事的範圍有狹有廣，所謂「佛法無邊」，就是成佛的方法很多，多得不勝枚舉。

※ 佛事以福慧雙修為目標

佛事的主要對象是人，以福慧雙修為目標，其中看經、課誦、聞法、講經、念佛、拜佛、打坐是「修慧」；布施、忍辱、持戒、供養三寶、孝敬父母、敬事師長、普施貧病，稱為「修福」。必須福慧雙修，才是佛法所說做佛事的正途。

一般人誤將做佛事，看成專為死者而設的儀式。事實上，佛法的主要對象是活人而非死人，為亡靈超度，乃是一種補救的辦法，不是佛教的中心工作。

所以，做佛事宜在生前，喪葬固然要做佛事，結婚、生產、禳災、祛病、祝壽、謀職、開張、交易、建造、安居、行商等等，也都應該做佛事。佛法能致現生之福，能致後世之福；能致人天富貴的世間福果，尤其能致福智圓滿的究竟佛果。

若想得到佛法的受用，必須自己來做佛事，與其等到死後由親友代做佛事，何不趁活著的時候，親自做些佛事呢？

佛法的超度對象為人

佛法的超度對象，是以活人為中心，如果平時不修行，臨時抱佛腳，雖然也有功德，但不及平時有準備的落實可靠；如果自己不做佛事，死後由親友請人來代做，功效則又差多了。《地藏經》中說，為先亡眷屬做任何佛事，七分功德，生者可得六分，而亡者僅得其一，所以我們應該在生之時，自己多做佛事。

（選自《法鼓山的方向：關懷》）

Chapter

15

人鬼之間的佛事

民間習俗，以為誦經拜懺，可給鬼魂在陰間當作錢用，又焚燒紙庫錫箔及冥票，給鬼魂在陰間增加財富。其實，佛法門中，沒有這種觀念。

誦經拜懺是為亡者超度增福，亡者死了也不一定入於鬼道，鬼道的眾生也用不著人間給他們錢用，用錢僅是人間貿易的媒介物。焚化紙錢，也僅中國大約自漢、唐之世流行下來的民間風俗而已。

※ 莫認定人死為鬼

既然人死之後，若不解脫生死，也只有六分之一的可能生於鬼道，所以請你不要確定你的親友死後就成了鬼，你應以虔誠心祈禱佛法的加護，加護你的亡親故友，超生西方極樂世界，至少也該盼望他們生於人間或生於天上才是。

※ 明白做佛事的意義

在中國大陸，尚有一種風俗，即是男人死了，要請和尚做一場「過渡橋」或「破地獄」的佛事，女人死了，則做一場「破血湖」的佛事。

這在佛法中也無根據，佛教既不以為人死之後必墮地獄，何以一定要把新死的亡靈引到地獄中的「奈河」及「血湖」中去走一趟呢？

所以，我要奉勸本文的讀者，應當自己來做佛事，並當明白為何要做佛事？當做什麼佛事？

（選自《學佛知津》）

聖嚴法師的叮嚀

解脫和超度並不是指死後才做的佛事。
只要智慧增加了一些，
煩惱減少了一些，
就可以說是部分的超度、解脫。

Chapter

16

自救、人救，往生大事

一般人都是在死後，依靠家屬做佛事超薦救度，或以做佛事裝點場面。殊不知生前靠自己學佛修持，較之死後靠家屬超薦，容易得多也保險得多。所以要在臨終之前，為自己做一切功德，令自己生歡喜心、虔誠心、懺悔心、念佛心，知道仗三寶加被之力得大利益，則容易濟拔。如果在身體健康時，自己能發心修行植福、念經、齋戒禮佛、發大願，加上臨終助念，相信必然「往生有分」。

❊ 事先交代往生大事

為了避免家人處理失當，妨礙往生大事，平日就應該將自己的意旨，明白囑咐家人，交代清楚，千萬不要認為談臨終事宜不吉祥而忌諱不提，須知事關臨終前後的切身利害，不可不慎！

若自知病重，應吩咐家人，凡來探病問候者，皆請他們為「我」念佛，不要閒談雜話。念佛功德不可思議，經云：念一句阿彌陀佛，能消多劫生死重罪。因此念佛能超薦鬼神亡靈、化解怨結、消除業障，使自己能順利往生極樂世界。

❊ 佛教喪儀簡樸隆重

「死」是人生最後的一件大事，唯有依據佛法，才能有最正確的認識和作法，並徹底利益亡者。

因此，站在佛法的立場，病者氣絕後，鼻息雖斷，但神識卻尚未離去，這時仍是有知覺的，須經過一段時間，通身冷透，神識出離，方算死亡。在神識未去之前，心靈正是最痛苦的時刻，此時家屬的哭泣聲和任何不當的碰觸遺體，都會增添亡者無邊的痛苦和煩惱，為了亡者的善終，最好是在他身邊安靜念誦「阿彌陀佛」聖號，因為佛經告訴我們，臨終的亡者只要聽到一句佛號，就不至於墮落惡道受苦。

除了病人一斷氣，馬上就悲哀啼哭外，一般人常犯的錯誤尚有撫摟病人而嚎啕、任意搬動勉強其正寢、趁身體未冷就先為之沐浴更衣、注射強心針等，這些舉動，愛之反害之。

另外值得注意的是，國人向來有在外

（包括在醫院及意外事件發生處）死亡不能回家的觀念，以致許多家屬急著將病危者由醫院送回家，致病者飽受身心折騰。事實上，佛教認為一切唯心造，在外死亡者的遺體不得返家的觀念，是不近人情的，因此家屬不要因迷信，而造成生者、亡者都遺憾的情況。

（選自《法鼓山的方向：關懷》）

聖嚴法師的叮嚀

在面對任何人事狀況時，
心中只有包容，沒有敵人，
只有慈悲，沒有怨恨，
內心平安寧靜，
就能達到自安而安人的目的。

Chapter

17

臨終病患的佛法照顧

對於一個沒有宗教信仰的人，或者對於沒有過去、現在、未來三世信仰的人而言，死亡的確是一樁既悲哀又無奈的事。相反地，如果一個擁有堅固信仰的人，會對死後的世界充滿希望與光明，對死亡也比較不會那麼恐懼、那麼悲哀。

念佛是最方便的方法

懺悔的作用，是坦然地承認，是由於自己從無始以來及今生之中，所造的種種惡業，所以感得這一生不如意的果報。

當在懺悔時，是面對著自己所造的惡業以歡喜心來接受，不管是已降臨或尚未來到的果報，虔誠懇切地在佛前懺悔，祈求佛菩薩慈悲攝受，證明自己確確實實地已痛徹悔改，更發廣大菩提願，盡未來際效法佛菩薩不畏艱難，度一切眾生。如此則可「將功贖罪」，一方面懺悔，一方面發願，才能使果報減輕或令業果暫時不現。這才是真正求平安、求如意的好方法。

懺悔發心

進入安寧病房的病患，有很多是癌症末期的患者，他們意識雖仍很清楚，但是身體可能已經非常衰弱，甚至沒有辦法自主，因此對他們的關懷，可以從佛法勸人念佛的立場來著手。念佛是最方便，最容易讓臨終病患對未來存有希望的方法。即使是中國的禪宗，在面對臨命終時，也是勸人念佛，例如民初禪宗大師虛雲老和尚、我的師父東初老人，在他們往生的時候，也都是用念佛的方式。

修淨土法門的人，希望能往生西方極樂世界，願求蓮品高升，必須先修懺悔行，發菩提心，方能達到此一目的。拜大悲懺就是懺悔的方法之一。

我們可以在患者臨終時為他助念，並且告訴他佛經中所說的一些道理，讓他將心中的怨恨、情結、捨不得及種種的執著都放下，使他心開意解；更進一步還可告訴他稱念佛菩薩的聖號，依佛菩薩的慈悲願力，能夠往生極樂世界阿彌陀佛的淨土，讓他對死後的去向發起信心，不會那麼徬徨恐懼。

佛教的助念對亡者家屬來說也是非常有用的。一般家庭，在突然遭逢親友往生的重大變故時，難免六神無主，手足失措，此時助念蓮友的到來，一者可為亡者助念，同時帶動其家屬一起念佛，幫助他們把心安定下來；二者亦能從佛法的立場，建議家屬如何料理後事。這些關懷和幫助，對亡者家屬非常重要，不但讓他們感受到人情的溫暖，也讓他們體會到學佛的好處。

——

（選自《法鼓山的方向：關懷》）

18

助念是以念佛來助人

助念，就是以念佛來助人，不一定是為往生蓮友而念，在共修的同時，也就是助念。

※ 提供佛法的關懷

若是有人在臨終時痛苦異常掙扎不已，不願且恐懼死亡，該怎麼辦呢？此時，應該告訴他生、老、病、死是人生必經的旅程，同時向他介紹西方極樂世界，鼓勵他發願往生阿彌陀佛的淨土，且心裡要隨時默念佛號。如果他心亂無法念佛，則告訴他只要心裡相信有西方極樂世界，願意去，就可以去了。

以這樣的方式來勸導臨終之人，是非常有用的。若其親友慌亂，手足無措，也可用此道理告之。如此，不僅可使臨終者放下恐懼，也可使其親友得到安慰，知道如何幫助他。曾經有個例子，一位學佛很久的居士在病危時，無其他蓮友前往探視及助念，最後在信基督教的女兒勸導下受洗，成了基督徒，改變信仰而願升天國。就佛教徒的立場來講，這是令人痛心且惋惜的事，原因在於佛教徒之間缺乏關懷及聯繫。

要發心替人助念

若是親友往生，大家都希望能有人長

時間來助念，但要注意，自己也須付出，也要為別人助念，絕對不可自私，自私的人，甚至會使已往生的親友難過。因此勸勉大家，要盡量發心替別人助念。

（選自《法鼓山的方向：關懷》）

聖嚴法師的叮嚀

助念的人和被助念的人
彼此間有很大的關係。
以信心來參與助念，
被助念的亡者一定會有利益，
因為阿彌陀佛的本誓願力是平等的，
任何人要想往生西方，都會受到接引。

19

助念是臨終救度的法門

根據《觀無量壽經》所說，阿彌陀佛在最初發願時，曾開殊勝方便：雖十惡五逆之人，於臨命終時，若遇善知識說法安慰，教令念佛，令聲不絕，具足十念「南無阿彌陀佛」，即得往生淨土。因此，對病危者而言，首先要使他知道並相信，只要念佛必生淨土。勸他念佛，也助他念佛，助他至心稱念彌陀聖號，此即是藉著助念者的力量加上佛的本願力，使臨命終的人往生淨土。

助念的方式

助念的方式，可分兩個段落：

第一，對神智清楚者，應先說法安慰，勸導一心念佛，由出家法師或助念團領眾居士甚或家屬，宣說：「某某（居士），現在請你什麼也不要想，清楚地聽幾句佛法。佛說人有生、老、病、死，這是必然現象，所以對於死不必害怕；離開人間後，若能往生西方佛國，是最幸福。現在，用你一生中所做一切善事的功德，求生佛國，一心稱念『南無阿彌陀佛』。如果你還不該往生，阿彌陀佛是大醫生，他會使你馬上恢復健康的。現在，大眾來為你助念，你能念，就小聲跟我們念，不能念的話，就聽著我們念的佛號，心裡跟著默念。什麼都不要想了，一心祈求阿彌陀佛來接引你往生佛國淨土。」

第二，如果病危者已神智不清，仍要為他開示佛法。所謂神智不清，可分兩種：一是身體雖不能動，眼睛不能看，嘴巴不能說，但心裡還是清清楚楚，耳朵可能還聽得到，所以當他是神智清楚的人，可以對他做簡短的開示。二是已經斷氣，在生理上屬於死亡者，但他的神識卻可能認為自己仍然活著，或仍守住遺體沒有離開，因此，還是要說法助念。

既然我們知道人死後，神識並未立即離開身體，所以正常的助念時間是八至十二小時，不可以隨便念幾句就了事。助念者要分數組，一組四個小時；或每兩個小時輪流助念。念的時候，助念者本身要專注一意，聲音要整齊清楚，不要太快太高聲，也不要悲戚或急躁，以莊嚴、肅穆、和諧、安寧的聲音，輕輕地念，使病人能在安詳、恬靜、怡悅、自在的情況下往生。

未成佛道，先結善緣

由於助念是臨終救度的殊勝法門，因此，平常必須多參加共修和人結善緣，且發心替他人助念，這樣一來，善緣具足，有需要時，才能夠有蓮友來發心助念，所以說：「未成佛道，先結善緣。」

至於有人用念佛的錄音帶助念，因錄音帶沒有心，所以效果有限；以人助念，尤其是家屬虔敬助念，效果較佳，因可藉助念者的願心、信心，來感通阿彌陀佛的願力。錄音帶雖能帶動病者念佛，但其氣氛及功效與有人助念相比，則大不相同，除非不得已，最好不用錄音帶替代助念。

——（選自《法鼓山的方向：關懷》）

Chapter

20

放下與助念

臨終時，如果意識依然清晰，這時應該將生者的種種事務完全放下，不要再為他們牽腸掛肚，平添彼此的煩惱。

傳達慈悲的祝福心念

站在宗教的立場，鼓勵臨終者念佛並為他們助念是一件極有功德的大事。對已喪失意識的臨終者而言，他雖然不能言語，但內心還可以感受到外界的訊息，特別是對親人的感應力很強，所以助念者的誠心仍然可以傳達給他們。

助念，就是以柔和的聲音、慈悲的心、堅定的信念，在亡者身旁誦念阿彌陀佛的聖號。

助念的意義

助念的意義有四種：第一，是個人對個人、家庭對家庭的互助，把喪家的無依、無奈轉化為互助的支持系統。法鼓山在一九九三年成立了助念團，我曾對助念團的團員說，助念之後，大多數喪家會致贈「紅包」做為回饋。但我們絕對不能收錢，而是要收「人」。因為喪親者請人助念，他們一定知道助念的利益，而且也承受了這樣的利益。既然如此，就應加入助念團，進而幫助他人。這就是互助精神的發揚。

第二，幫助亡者往生西方極樂世界。親友及旁人助念可以使臨終者的神識也跟著念佛，得蒙西方三聖（阿彌陀佛、大勢至菩薩、觀世音菩薩）的接引。即使亡者因自身福慧不夠深厚，或因緣不成熟、意願不懇切，不能往生西方佛國，但也一定能到較好的去處。

第三，協助亡者家屬安定身心。由於沉緩的佛號聲具有安定力量，可以降低悲傷和恐懼的複雜情緒。

最後，助念也等於是助念者自身的一種修行方法，也有弘法的功德。助念的經驗愈多，愈能堅定往生西方的信心，自己如果也能念到一心不亂，功德就非常圓滿了。

活著的時候如果有念佛的習慣，且往生西方的意願強烈，這又比平常不念佛，臨終請人助念要穩當得多。所以，還是應該平常做準備，以免「臨時抱佛腳」，亂了方寸。

——（選自《歡喜看生死》）

聖嚴法師的叮嚀

當以感恩之心，
感激成就我們去助念的人；
不論為誰助念，
無不是成就我們
於蓮邦培養蓮胎的殊勝法會。

Chapter

21

為什麼要親自幫往生親友助念？

一般民間習俗的「做七」，是請出家人或職業誦經團到家裡誦經，但是亡者家屬自己卻不參與。農禪寺則提倡由家屬自己來共修念佛，並請其他念佛會的全體會員幫忙助念。

親屬共修念佛功德更大

根據佛經，往生者要得到超度，最好的辦法是由往生者的親人為他念佛、誦經，或者布施供養三寶，功德是更大。請外面的人念經，功德當然有用，但用處並不是最大。亡者親屬誦經，一方面自己修行，另一方面能夠感應亡靈，使他聽聞佛號、佛法，而得到超度，可說是冥陽兩利。

為亡者超度的時間，最好在七七四十九天之內，但過了四十九天之後，不管是落在鬼道，還是已經超生到了天界，或是到了極樂世界，亡者也會因為眷屬做佛事、修行，而得到利益，如果是在鬼道中，則可以出離鬼道，在天上者福報增加或轉生佛國，在極樂世界者蓮品高升，花開見佛早證無生。所以，即使過了四十九天，或者未達四十九天，家屬也應該天天在家裡念佛、誦經。

※ 迴向功德

另外，依中國人的習俗總認為替往生者超度時一定要寫牌位，而且要念亡者的名字，才能使特定的對象獲得利益。但是，根據佛法的超度原則，卻不一定要有牌位，也不一定要念亡者名字，只要亡者的親屬做佛事、念佛、布施時迴向，就能讓亡者獲得利益。迴向時要念〈迴向偈〉，未必要念亡者的名字，只要在一開始念佛時，清楚知道今天是為了先亡眷屬而念，這樣亡者就已經得到了功德。

——（選自《法鼓山的方向：關懷》）

22

平安走完最後一程

助念對即將往生者有兩種作用：第一讓他產生信心；第二讓他感覺不那麼孤單、孤獨。

孤獨感煙消雲散

因為有許多人來幫他念佛，還有那麼多人都相信有阿彌陀佛，對他的信心是一種鼓勵，對他的希望是一種建立。另外，他的孤獨感會煙消雲散。

臨終的人往往不知道何去何從，對這

個世間留戀不捨，又非走不可，總覺得孤獨地來，又孤獨地走，好像很淒涼。

佛菩薩都來迎接

助念時，可以先為他開示佛法：「你來的時候，不僅僅是一個人，我們有這麼多人在等著你；現在你要走，我們大家歡送你。同時你到另外一個世界，也有許多人在迎接你，連佛菩薩都來迎接。你不是一個孤獨的人，現在你暫時離開這裡，很快就到另外一個環境，那個地方比這裡更好，你應該懷抱一個很好的希望。」

這樣，他的孤獨、寂寞和悲傷的心情會消散，使他能在平安中走完最後一程。

（選自《不一樣的生死觀點》）

Chapter

23

如何化解去喪家的迷信恐懼？

有些人相當迷信，認為喪家不能去，或以為在某些特定的日子不可到喪家去，這都不是正信。我們身為一名三寶弟子的佛教徒，替往生者助念，就是送一尊未來佛、現在的菩薩，到西方極樂世界去，到蓮池海會之中見阿彌陀佛及諸佛菩薩。應當心存敬仰、尊重，不要把亡者當成鬼看，也就不會怕到喪家去了。

❊ 以正信助念破除迷信

據我了解，有些人的迷信觀念根深柢固，牢不可破，其實這是非常可惜的。所以我們一定要不停地強調正確的助念觀念，來幫助那些有這種迷信的人。

其實若無佛法的幫助，亡者是很可憐的，因為貪生怕死，又非死不可，所以死時都非常痛苦，再加上對死後到哪裡去又一無所知，更添心中的惶恐與無奈。因此我們必須替臨終者念佛，向他開示佛法後，讓他知道有個西方極樂世界可以去，而且有阿彌陀佛的本誓願力來接引他去。

此外，亡者雖然身體已經死亡，神識還未離開，而且會非常執著他的身體，因此在他過世後，不要馬上動他的遺體，否則他會覺得非常不舒服，起瞋恨心。

堅固信心

為亡者念佛的功德，在於亡者本身的福德因緣，加上助念者的信心、誠心，以及修行的工夫；我們參加助念的次數愈多，發生瑞相的比例一定愈高，因為你每助念一次，就送了一位菩薩到西方，本身的工夫自然就聚集起來，信心也會愈來愈堅固，助念的時候也會更加虔誠、懇切。

（選自《法鼓山的方向：關懷》）

聖嚴法師的叮嚀

俗話說：「送佛送到西天。」
自己雖然沒有成佛，
可是送一尊佛到西天，
讓別人先成佛，
自己的功德也很大，
一樣令人喜悅。

Chapter

24

什麼是超度？

超度的意思就是用清淨的佛法，化解眾生的苦難，使眾生出離煩惱的苦海，生到佛國的淨土。我們修學佛法的目的，就是為了要從苦難的此岸超度到解脫的彼岸。許多人誤認為佛法僅是超度死人、超度亡靈。其實佛法雖有度亡的功能，但其最大的作用是超度修行佛法的活人。修行佛法就能從愚癡、無明、煩惱中得到解脫。用修行戒、定、慧的力量，就能使我們由生死凡夫達到不生不死的菩薩及佛的境界，那才是真正的超度。

心開意解，啟發智慧

超度的功德有淺有深。在修行佛法的路上，走一步就是超度一步，走兩步就能超度兩步。我們每念一句佛號，就是在苦海裡往岸邊回游了一步。所以凡夫位中的佛教徒是正在超度，聖者位中的佛菩薩是已經超度。我們每念一句佛號，都在超度我們自己。我們自己的祖先或怨親債主，以及跟我們有緣的無祀孤魂，由於我們念佛而得利益，便是得到超度，這就是我們在報恩、在結緣、在還願、在做慰問關懷，也就是在行著自利利他的菩薩道。用佛法來幫助亡靈，使他們聽到佛法，念誦佛號，也能心開意解，啟發智慧，求生佛國淨土。這樣的話，叫作超度眾生。

※ 用佛法報恩

從佛法的觀點來理解，眾生都會在五趣六道從生到死，死了又生，叫作生死流轉，不會永遠做鬼，不會永遠做人，也不會永遠做畜生和做天神。因為人會死，五趣眾生都會死，他們死了以後做什麼呢？就去轉生了。轉生到哪兒去？是依他們自己在無始以來的業因，而生到應該生的地方去。善因緣就生到善道，惡因緣就生到惡道。如果已經修了無漏的菩提因緣，仗佛願力，那就生到佛國淨土。

照這樣講來，我們的祖先、歷劫的怨親債主，那就不一定都在鬼趣中了。因為無始以來，我們和多少的眾生發生了恩恩怨怨的關係。所以我們還是不知道有多少跟我們有關係的眾生是在鬼道、神道或是天道；而我們也不知道有多少的怨親債主是在地獄道和畜生道裡。因此我們為了報他們的恩，一定要用佛法，以修學佛法、弘揚佛法、護持佛法的功德，來迴向他們，使他們得到利益，能離苦得樂。

——（選自《念佛生淨土》）

聖嚴法師的叮嚀

以信心來參與助念，
被助念的亡者一定會有利益，
因為阿彌陀佛的本誓願力是平等的，
任何人要想往生西方，
都會受到接引。

25
最佳的超度方法

佛化喪禮有很多種，分別為誦經、拜懺和放焰口等。

誦經、拜懺、放焰口

誦經的由來，源自釋迦牟尼佛時代，當時尚未有印刷術，也沒有手抄本流通，所以要學習佛法必須口口相傳，努力熟誦經章。演變到後來，誦經便成了學習佛法、宣揚佛法的基本方法。誦經有兩個作用：一是弘法；一是把經章的內容要義當成一面鏡子，用以檢束、警惕自己身口意的行為。

拜懺，是禮佛懺悔。對佛懺悔並不是求佛赦罪，而是向佛坦白自己所做的罪業，並且立志不再故意作惡，求佛為此誓願證明。至於放焰口的主要對象，是餓鬼道的餓鬼，以持咒及說法的方式，將供物化成甘露法食，讓餓鬼得以精神飽餐，並勸他們放下內心的執著，皈依三寶，受戒脫苦。

事實上，這些佛事不是專為喪禮設計，在結婚、祝壽、行商、生產時，都可以誦經、拜懺，都有不可思議的功德和助益。

有修行就有功德

目前臺灣最通行、最適用的超度亡

者經典有《華嚴經》、《法華經》、《地藏菩薩本願經》、《藥師琉璃光如來本願經》、《金剛般若波羅蜜經》、《佛說阿彌陀經》、《心經》等。至於拜懺的法門，則有「梁皇懺」、「三昧水懺」、「大悲懺」、「彌陀懺」、「藥師懺」、「千佛懺」等。

不管修哪一部經、哪一套懺，都是修行，有修行就有功德。喪家若想使亡者受益，一部經懺可以修一天，或修好幾天，端看各自的時間和財力而定。

不管是在生前或死後做經懺佛事，有一些觀念一定要釐清。我們誦經、禮拜佛菩薩、懺悔，其實是一種布施，不見得有特定對象；在誦讀經文、禮拜時，有緣的六道眾生都可以一起參與佛事，讓他們有機會聽聞佛法、學佛及懺悔過錯。正因為有布施的功德，亡者才能受惠。

這與古代大饑荒時放賑的道理一樣，施賑者的慈悲心、誠意是關鍵，至於用乾飯、用稀飯就不要緊了。從字義上看，「水懺」是對死於水中的亡者而做，「梁皇懺」的起源為梁武帝為其皇后祈福超度。事實上，選用任何經懺，其間的分別並不大，信心、誠意堅固與否，才是導致差異的要因。

其次，絕大多數的經懺都由僧眾主持，但整個佛事的重心應該是亡者的家屬。佛教認為亡靈的感應能力非常強，相當於生前的七倍，親屬的心念對亡者影響很大，不要以為只有出家人為亡者誦經才有用。所以，如果親人亡故，家屬之間不能和睦，反而為處理後事的方式，甚至遺產分配爭吵不休，這將帶給亡靈極大的不安和煩惱，妨礙亡者往生善處。相反地，若遺族誠心為亡者做佛事，親自參與，將為亡靈帶來莫大的安慰和利益。因此，若不能請出家眾主持佛事，家屬在家自己用簡單的方式誦經、拜懺，也很好。

——
（選自《歡喜看生死》）

聖嚴法師的叮嚀

超度的意義
是用佛法的理解和實踐、
信仰和經驗，
使人從苦難中獲得安樂，
從危險中獲得安全，
從束縛中獲得解脫。

26

佛教的葬禮

民間一般的葬儀，基本上是以擬人化的假設來處理，譬如，如果客死異鄉就要召魂，怕亡者認不得路回家，變成無主孤魂。

又譬如，中國人自漢、唐以後，開始有燒冥紙的風俗，後來紙錢愈燒愈現代化、國際化，不但有臺幣、美鈔，還演變成紮紙人、轎車、輪船、飛機、洋房、電冰箱、電視機等。在菲律賓首都馬尼拉的華僑富商，他們所修建的祖墳大而豪華，一如真正的別墅。這些都是把亡者當活人看待，怕他們到地府後無錢花用、無人伺候。

亡者不一定會去地府

佛教沒有這種作法。人死而未轉世之前的中陰身，不受空間阻隔，親友一念至誠，他就回來了，根本毋須召喚，更用不著轎車，或隨身攜帶現鈔、信用卡等。

民間習俗一些送亡的儀式，也有不讓亡者到地府受苦的用意。譬如，過去在大陸，對男性亡者要做「過渡橋」、「破地獄」的法事，對女性亡者則有「破血湖」的儀規。

這種儀式在佛教中也是毫無根據。佛教認為人死後只有六分之一的機會會投生鬼道（所謂六道輪迴是天、人、阿修羅、畜生、餓鬼、地獄），不是每個人斷氣之後都要到地府走一趟。既然如此，亡者親眷何不假設過世的親人是生天、再轉世為人，何必一定認為他們死後到地府去了呢？

至於佛化葬禮，有一套嚴密的思考，一般人不太了解，以為佛教中有專門為死者設計的「法力」咒語，可以有「神力」救拔亡靈，這是只知佛事利益的皮毛，未明其深意。

影響心念往生好歸宿

佛教認為人過世之後，由四種原則決定他的去處，一是隨重往生。隨他生前所做善惡諸業中最重大的，先去受報；二是隨習往生，隨著他平日最難革除的習氣，而到同類相引的環境中去投生；三是隨念往生，隨亡者命終時的心願所歸，善念則轉生人間、天上，惡念則轉生三惡道中；第四隨願往生，發願學佛則往生佛國淨土，或轉生人間繼續修行。

從這四個原則我們不難看出，對一位即將壽終或已經往生的人而言，隨重、隨習的原則是沒有辦法改變了，唯一還有努力空間的就是為他做佛事，影響他最後的心念，進而有較好的歸宿。嚴格來講，這是一種補救的方法，勸他在這個時候萬念放下，一心向佛，並非根本。若想善生善終乃至得大解脫，平常所下的工夫，是比較可靠的。

——

（選自《歡喜看生死》）

Chapter

27

用心的真正祝福

我年少時為喪家做超薦之事，由於當時的喪葬風氣不佳，長年下來，我感觸良多而且深受其苦。

流於形式化的喪禮

當時，傳統佛教喪葬佛事近似民間的葬儀，噪音很大。基本上，喪家請出家人做佛事的目的，一是為了伴屍，因為當時殯儀館的服務並未普及，所以遺體缺少人陪伴。二是為了面子，怕親友在背後罵他們不孝，所以請和尚、道士誦經。但做佛事時，遺族多半不在場，各忙各的。有些齋主（遺族）頂多在儀式開始時上支香，為亡者放牌位時再拜幾拜，如此而已，非常形式化。

心靈契合的安慰

像這樣的喪禮，由於遺族沒有用心參加佛事，便無法與亡者心靈交會，對他的助益就很有限。更不用說民間所採的葬儀，鑼鼓喧天，用擴音器播出哭聲，花圈、輓聯成行，這種看似熱鬧的場面，恐怕不是為了亡者的尊嚴，而是為了遺族的面子。如果遺族能用祈福、虔誠的心來做佛事，那麼相信亡靈會感受到與親人心靈契合的安慰，讓他往生佛國。

我深感葬禮風氣亟需提昇，於是經

過研究改良，安排了一種簡樸又莊嚴、安定、祥和，也非常環保的佛化葬禮，沒有噪音、花圈、紙屋、紙車。做佛事時，遺族需在場等等，這一套儀式後來受到社會大眾的肯定，也相繼運用、推廣，希望這種對死者尊敬慰勉的態度，能蔚為風氣。

（選自《歡喜看生死》）

聖嚴法師的叮嚀

如果能夠把天下蒼生
都看成自己的親友，
就能夠保護自己，
也能夠保護環境了，
大家都能自保保人，
大家都能少煩少惱，
這便是落實心靈環保的境界了。

28

找回應有的莊嚴

佛化喪儀本身，可避免浪費、鋪張，因為我們認為不管是飲食、祭祀、排場的花費，僅僅是家屬做為炫耀自己之用，想藉死人表現地位和實力，所使用的花籃、供品、樂隊、儀隊、花車，對亡者也只有慰靈的作用，沒有實質的幫助。還有些人送祭品時，將自己的名字、公司行號寫得特別醒目，廣告的用意遠大於慰靈，失去對亡者的敬意和懷念。

※ 汙染環境又浪費財力、自然資源

目前也流行燒紙錢，燒用紙紮成的房子、交通工具、家電，舉凡活人用的東西都用紙紮成後燒掉，一燒好幾萬，實在可惜！一則浪費自然資源，一則汙染環境又浪費財力，這些財力若能用在社會其他方面，不是很好嗎？更有些商業行為、商業花招，使得亡者家屬不得不花錢，有的家庭不是那麼有錢，只是為了面子，為了隨俗，而花這筆錢。其實鋪張對社會並沒有用處，亡者也沒有利益，那又為什麼一定要如此呢？

※ 改良喪葬風俗

目前臺灣本身的喪葬風俗已與大陸不同，也與臺灣幾十年前不同。有的是改良，有的是改變。例如三、四十年前，喪家一定要披麻帶孝，現在已有少部分的家屬不披麻帶孝，而改以著黑衣、別麻布來取代；過去也有些人一定要拿著哭喪棒——讓人匍匐而行的棒子，現在很少人用了，這都可以說是一種改良。

另外一種是改變。例如曾有一位老父親過世，他的兒女擔心母親傷心，就用父親生前吃冰棒的照片為遺照，照片中冰棒含在嘴裡，一邊吃一邊還笑嘻嘻。這很有趣味也非常大膽，但是喪儀時是否適合用此照片，卻值得商議，因為已經失之輕鬆而不莊重。又例如十多年前突然間出現脫衣女郎在鄉下喪葬儀隊中，它的目的是在娛樂家屬。

死亡雖然不是喪事，但也不是喜事，在這種情形下，已經喪失了對亡者過世的懷念與崇敬之意，而只是一種娛樂的場面。還有因為家屬忙，也哭不出聲來，請職業的哭喪隊哭給別人看，這在中國傳統的社會只是聽說過，但並不普遍，可是在今日的臺灣卻可見到。如此改變下的喪禮，不但失去對亡者應有的莊嚴，也失去人性中的美德。

（選自《法鼓山的方向：關懷》）

聖嚴法師的叮嚀

利益他人並不一定以金錢的方式，
我們以一句佛號、一句讚美他人的話，
付出我們的心力；
都能夠利益他人，
發多大的願心就會多大的願行。

29
為什麼要火葬？

中國人崇尚土葬，所謂「入土為安」，而且也講究陰宅的風水。幾年前我到大陸探親時，曾見識到西安郊區秦陵附近一幅土葬奇景。那個地方是大眾公認的好穴，許多人想盡辦法把親人遺體葬在那裡，但土地有限，經年累月下來，發現後來者一層層地埋葬在先到者之上，像蓋了一片地底公寓一樣，真是「地盡其利」了。

火葬的環保效益

臺灣地小人稠，尚未時興蓋地下的墓葬公寓，火葬自然是比較合宜又環保的選擇。火葬的環保效益不只於節省土地資源，對水、空氣都有好處，因為在大多數動物中，人的腐朽遺體是最臭的，而且屍體在土中腐化後，其物質滲入泥土或水中，也可能造成自然生態的汙染。採用火葬，遺體不僅沒有腐爛的問題，也不會汙染環境。

幫助亡靈放下執著

就宗教意義而言，亡靈若經過一段長時間，既未往生佛國，也未轉生他處，那麼亡靈經常會與遺體同在，以遺體或棺木為自己的棲息處，流連不去。我們做大法會，如拜「梁皇懺」、放大焰口時，許多人（包括我在內）在放置牌位的地方，有時就會聞到濃濃的屍臭味，這證明許多亡靈的確來參加法會，而且連臭味道都帶來了。

如果遺體經過火化處理，就不會夾帶著氣味到處走。更深一層看，屍身火化成灰，亡靈比較容易正視死亡，也就不會那麼眷戀，比較可以放下而去轉生，這也是一種心靈環保，所以雖然人已過世，都還可以為環保盡一份心力。

——（選自《歡喜看生死》）

30
網路普度有用嗎？

究竟燒冥紙對亡魂有什麼用？有人說冥紙是陰間的錢，燒給他們好拿去買東西。可是陰間有買賣、有貿易嗎？人間有生產、有消費，陰間沒有生產，所以也無從買賣、無法消費，燒了等於沒有用，只是浪費。

我們應該從精神、心理層面為他們做功德，或者是誦經、念佛迴向給他們，這樣對亡者才有用，否則的話，僅僅燒冥紙並沒有用處。

※ 網路普度符合現代人需要

我認為推廣網路普度不僅非常現代化，也很符合現代人的需要。現代人都很忙碌，如果在網路上超度祖先親友，那就沒有數量和距離的限制，只要能夠在網路上達成超度的目的，所花費的人力、物力就會減少，同時，最重要的是合乎環保原則。

※ 表達慎終追遠的敬意

最初有人懷疑，在網路上超度，亡靈真的會去嗎？其實亡靈也好、祖先也好，他們都是精神體，不是物質體，不一定要坐交通工具，或是跑多遠的路，只要我們心念一動，請他們到某個地方，為他們超度、為他們紀念、為他們舉行儀式，他們就能夠感應得到。

所以，我們只要有心，希望在網路上做超度，網路上呈現出的畫面是祭壇，那他們就會在網路上出現。所以，我贊成用網路來普度，而且不一定在中元普度，就是在清明、過年，甚至是平常的時候也可以做。

從我們內心來講，同樣是表達慎終追遠的敬意，對亡靈而言，也可以得到同樣的功德，但是對整個社會環境來說，意義就完全不同了。

——（選自《致詞》）

31
生命是暫時的任務

生命是一項暫時的任務：我們每個人來到世上，是有任務的，當任務結束之時，我們就必須要離開了。

每個人都有不同的階段任務

最近有位太太的先生去世了，那位先生在早上準備上班時，下樓開車，結果還沒有走到車子那裡，就心臟病發而去世了。這位太太不能接受這個事實，就來問我說：「為什麼他沒有告訴我一聲就走了呢？為什麼他死得這麼早呢？」我說：「死亡什麼時候會來臨，連他自己也不知道，怎麼告訴妳呢？他已經完成了這一生的任務，自然就離開了！」就像我在軍中時，有位同袍經常被調動單位，他到任何單位都很傑出，離開時大家總會依依不捨，但他又不得不去接受下一個任務了。

這位太太再問我，她的先生到哪裡去了？我說：「我不知道他究竟到哪裡去了，這就好比說，你們兩人同搭了一輛巴士，可是妳的先生另外有任務，在中途就先下車了，現在他又搭了另外一輛巴士，開始下一階段的任務，但妳還在這輛巴士上，繼續現在的任務往前走！」

珍惜此生相遇的緣分

如果接受了這樣的觀念之後，我們會

非常珍惜人與人之間的關係和因緣。因為什麼時候要下車，不知道；什麼時候是轉接點，也不知道，因此正在相聚的現在，變得非常可貴了。

在諸位的家屬或親友之中，一定有比你們先下車的人吧！好比今天我們聚集在這個講堂裡，等於是乘坐在同一輛巴士上，講完之後，你上你的巴士，我也上我的巴士，也許以後會再見面，也有可能今生不會再見面，然於未來的生命長河之中，一定還會以不同的面貌相見。這是生命的事實，生命與生命之間的關係就是這個樣的。

——（選自《禪的理論與實踐》）

32 生死只是一個過程

我曾經有一個老朋友，是一位教授，現在已經退休了。我每次向他問候的時候，他總是嘆口氣說：「唉，無常啊！」我說：「怎麼了？」他回答：「我的爸爸前不久往生了。」過了一段時間，我又問候他：「你好嗎？」他又嘆一口氣：「唉，無常啊！我媽媽也往生了。」再過一段時間，我再問候他，他又說：「無常啊！我的老伴也走了。」

第四次我問候他：「你的孩子好嗎？」他回答：「最近生了一個男孩子。」

我說：「這是一樁喜事，恭喜你。」他卻嘆口氣：「無常啊！」我問他：「才剛剛生孩子，你怎麼說無常呢？」他回答：「他生的孩子是他的，沒有孩子以前他還跟我住在一起，有了孩子以後，就搬出去另組一個家庭了。」

現在他只有一個人了，可能下一次就輪到他無常了。生命就是這樣，一個家族也是這樣，最初是由少變多，再由多變少，最後只剩下一個人，乃至連一個人也沒有了。

如果能夠知道無相，體驗到無相，在有相的時候就要看到無相，那才是真正的修行。不要等到死了一個親人，或是孩子離開了，才知道無相，可是實際上，自己心中還是有相。在一切都有的當下，就要知道這本身是無常、無相的，這樣才是真正的修行。

莫讓無常變成了煩惱

這位教授是學佛的，雖然口頭講無相，但是心裡很難過——爸爸死了很難過，媽媽死了很難過，老伴死了很難過，孩子搬出去以後心中捨不得，自己很孤獨，實在是難過。像那樣的話，無常變成了煩惱，這是有相還是無相？若是能夠真正的無相，那麼在自己健康的時候、家族還很美滿的時候，你知道當下就是無相，這才是智慧。

大約四十年前，有一位學佛五十多年的老居士，當他八十多歲時，老伴過世了，他覺得非常痛苦，血壓也升高了，於是到我們的中華佛教文化館來暫住幾天。

他說：「老伴走了，想想自己活著也沒什麼意思。」當時，有一位年輕的法師聽到後，對我的師父東初老人評論這位老居士：「這個老人真是無聊，死掉了老婆，也只不過是一位老太太，既沒有用又不好看，還這麼傷心，真是沒出息。」

我的師父說：「你不要講風涼話，因為死的不是你的老婆，如果是你的老婆死了，你也這麼講的話，那你了不起！自己想想看，如果你真有個老婆死了，你也會像他這樣的。」

這位老居士老是在念著：「人生真是無常，想不到我跟我的老伴結婚短短五十多年，她怎麼一下子就走了？五十多年好像很快，真是無常啊！」他也講無常，但是也很難過。

無常是暫時性的現象

老教授跟老居士都知道無常的道理和現象，只是他們並未實證到，如果實證了有相就是無相，那就能體認無論太太活著或是死了，本來都是無相。

因此，《六祖壇經》說「於相而離相」，叫作無相。當你有的時候，要知道當下即是無常，這只是一個過程，是暫時性的現象。你不要太執著它，但是要用它，因為它是一個工具。

——
（選自《聖嚴法師教話頭禪》）

聖嚴法師的叮嚀

如果已經觀察到、理解到
世間所有的一切現象都是無常，
那就多少能夠看得開一些，
也不會有那麼多的放不下了。

Chapter

33 如何面對意外的生離死別

面對生離死別，人們之所以如此哀傷，主要是不了解人是為何而生的。

※ 還債受報和還願發願

依佛法的認知，人來到這個世間，有兩個任務：一是還債受報，償還過去多生之中恩怨情仇的債務，接受福報與苦報；二是還願發願，人們在過去無數世中曾經許過的心願，必須逐一完成，在受報還願的同時，也可繼續發願。當在這一生中的債務及願心告一段落時，便算任務結束，就可以安心地離開世間了。

不同的人會在不同的階段完成這一生的任務，有的人年紀輕輕就走了，有的人則到八、九十歲，甚至活到更高壽。最難釋懷的是因意外事故往生者，在外人眼裡看來相當悽慘，在《藥師經》中稱之為九種「橫死」之一，但是對當事者自己來說，或許要比久病死亡者，少受了點病苦的過程，也未嘗不是好事。當然，這些人走得突然，許多事情尚未來得及交代；但縱使留有遺憾，他們在這一生中的任務畢竟已經結束。

化悲傷的心情為慈悲的力量

曾有些在空難中往生者的家屬表示，亡靈曾託夢給親友，說他們泡在水裡很冷。這種情形是因為亡者過於執著那具遺體，誤以為浸在水裡的遺體還是自己，遺體是冰冷的，便以為自己很冷。其實死亡之後的遺體，已沒有神經的感覺，是不會感到冷熱的。死後仍覺得冰冷的情形，常發生在投水自殺者及空難落海的意外死亡者身上，他們不知道自己已死，又過於執著自己那具浸在水中的遺體。這時家屬必須引導亡者，告訴亡者：既然已經死亡，就不要在乎遺體的冷熱了。

對亡者的親友來說，悲傷固然難免，但更應該做的是幫忙亡者誦經、念佛、做善事，以一聲聲的佛號，祈求、幫助亡者往生佛國，也可以讓家屬的心靈獲得平靜。既然意外已經發生，無法挽回，家屬一定要化悲傷的心情為慈悲的力量，慰問、勉勵這些亡者，幫助他們往生佛國淨土，這樣才是對他們最大的幫助。

平常日子裡，一般人總認為這種不幸的事情，大概不會發生在自己或是親人身上，這種想法並不正確。其實，大家最好在心理上都要做最壞的準備，每次出門之後，能不能平安回家，會不會造成生離死別，都是未知數；每天晚上就寢之後，會不會一睡就不再起身，也沒有絕對的把握。

因此，人們最好有宗教信仰，才知道如何隨時做好面對死亡的準備，遇到意外時，才不致太過恐慌而不知所措。當然，生命是相當珍貴的，除了做最壞的準備之外，也要有活過百年的打算，才不至於辜負這一期的生命。

——（選自《人間世》）

Chapter

34 為什麼會發生在我身上？

我在災區探訪時就發現到，對於這樣突然的災害，多數人是無法接受的，他們抗拒、無法相信已經發生的事實，因為他們沒有絲毫的心理準備。「事情為什麼會發生在我身上？」的想法與話語，一直重複出現。

人終究會走向死亡

針對這種現象，我總告訴他們可以用另一種角度來思考。一般人都知道有生必有死，有出生的事實，當然也要接受會有死亡的事實，不過多數人總認為老了才會死亡，而這是不一定的；很多年輕的人，也會因為意外、疾病而往生，最重要的是要認知到人終究會走向死亡。有了這一體認，在面對親人的往生時，只要去承認、接受人總會死亡的事實，即使是在沒有心理準備的情況下，也較不會因此而忿忿不平。

念佛讓心恢復平靜

還有許多人問我：「師父啊，不是都說好人有好報，我沒做壞事，我的親人也都那麼善良，為什麼還要承受這種惡報？」我告訴他們，這時候任何宗教給你們的任何答案，你們都不會滿意，甚至還可能受到第二度的傷害。所以最好讓心靈平靜、幫助亡者往生西方極樂世界的方法，就是念誦「阿彌陀佛」，等再過一段時間，心情平復、能安心下來時，就會比較理解生與死的意義；如果還不清楚，再來尋求宗教的關懷，才能有所助益。

——（選自《台灣，加油》）

聖嚴法師的叮嚀

已經往生的人
並不希望活著的親人，
永遠為他們的過世而痛苦、悲傷。
生者為了協助亡者往生西方極樂世界，
必須要很勇敢地活下去，
為他們多念佛、祈願。

35
把小愛變成大愛

我在美國有位女弟子，她已經離婚多年，只有一個兒子，母子相依為命。她的兒子在十八歲生日那天，在家門口附近被車子撞死，做母親的忿忿不平，覺得打坐二十多年似乎前功盡棄。她說：「為什麼是我的兒子死掉？他沒有做過壞事，我這一生也沒有做什麼壞事！」

來生已非親子關係

當時我對他說：「妳的兒子到這個世

界上，是來和妳相處十八年，等到任務結束就離開。他走了妳當然很痛苦，但現在妳痛苦也沒有用。」她說：「師父，您能不能把他找回來讓我見一面？您告訴我，現在他在哪裡？」我回答：「無論現在他在哪裡，妳不要干擾他，他現在已經不是妳的兒子，他現在是另外一個身分，找他來也沒有意思，妳自己覺得他的任務已經結束就好。」

她說：「為什麼是被撞死？而不是自然死亡？」我說：「死亡的方式很多種，說不定他是菩薩的化身，是來表現給妳看，讓妳感覺到無常是什麼？從此以後，妳應該更精進地學佛，付出愛心與慈悲心來對待所有的人。妳要把所有的人當成自己的兒子來照顧，把小愛變成大愛，愛心與慈悲心更能增長。」之後，這位母親便很積極地做義工。

※ 菩薩的化身

平時在觀念上，要先對大風大浪、大難臨頭做好心理準備，發生事情時便不會慌亂。我們當然都是凡夫，不是聖人也未成佛，發生問題時還是會很痛苦，但是能幫助眾人化解痛苦的人，不一定是我。其實我也是普通人，事實上能像我這樣講話的人，也可以是任何人。當你的朋友遇到類似的遭遇，或者你自己發生這種情況時，可以把我講的話轉述給別人聽，不一定要由我來講。其實人人都可以做得到，每個人聽了以後，都可以做菩薩的化身。

——

（選自《不一樣的生死觀點》）

36

人生有及時雨，也有暴風雨

我們要認知動靜順逆的遭遇，自己最多只能掌控其中一半，另一半往往無法預期，既然如此，對於不如意的、不能預期的、不能掌控的事情，我們應該視為預料中的事。我們的生活中，有所謂的「及時雨」，就是要什麼的時候正好就出現了，但是也有「暴風雨」，當然沒有人會喜歡暴風雨，但是我們知道這是在所難免的狀況，只要去理解、認知這個狀況，就不會覺得失意或是不滿意。

※ 人生不如意事十之八九

諸位一定聽說過「人生不如意事十之八九」，既然確定不如意的事十之八九，那遇到不如意的事，不正符合我們心中的理解和認知，這不就是「如意」？比如說我到臺大醫院看病，看病時我的心裡已經有準備，人一定會生、老、病、死，有病是正常的，有了病一定會痛苦，不接受痛苦，痛苦就多一些；願意接受它，痛苦就少一些。

※ 無常是正常的現象

如何做到真正的身心自在？有的人在觀念上可以做到自在，一旦面臨到有狀況、有問題的時候，雖然知道觀念和道理，卻沒有辦法自在。我認識一位老先生，他學佛，用佛法寫書、演講，七十多歲時老伴往生了，他告訴我：「我的老伴走了，我不能活了。」我說：「你學了幾十年的佛，這樣是很顛倒的。」他說：「法師，因為你沒有太太，無法體會我的心情啊！」我想請問諸位：假設你的另一半往生了，你會怎麼樣？你如何處理自己？那個時候，人通常都很悲傷，沒有辦法自在，怎麼辦？

這時可以運用禪修的方法、禪修的觀念。禪修的觀念是什麼？就是要知道身心是無常的，環境也是無常的，變好、變壞都是正常的現象，我們沒辦法抗拒和逃避這些現象，就應該「面對它、接受它、處理它、放下它」，這四句話是我在演講時經常講的，很有用。遇到狀況，好好面對它，面對、接受了以後還要去處理，處理以後就坦然接受，心裡不再怨天尤人。

（選自《禪的理論與實踐》）

37
處理遺產現代觀

父母在身體仍然健康之時，即應對一生積蓄做完善的規畫，本著對子女有助、對社會有益的原則來做適當的分配，以免身後害得子女們為爭遺產而對簿公堂，徒增人間悲劇。

避免生前分配財產後遺症

父母親的積蓄，父母自己當然擁有處置的權利，其首要原則是：不能在生前就把全部財產交給子女，否則會有兩大後遺症。

第一是子女之間會計較，為何他得到多一點，我分到少一點，造成子女間的猜忌疏遠。

第二是人心現實，如果父母已經沒有財產，講話便沒有人聽，在兒女乃至孫兒女的面前，便沒有權威也沒有地位，更糟的情況是，兒女互相推卸照顧父母生活的責任。

如果父母還留有若干老本，兒孫們還會尊重父母的意見，表面上是孝順，下意識裡則是覺得「尚有一筆遺產可分」。世間的情況多半如此，父母養育子女，大概是無條件的；子女對待父母，多半沒有相同的犧牲奉獻之心。

做父母的若在生前分配財產，只能先把一半，最多三分之二，分給兒孫，另外的自己留著，將來是否要給兒孫，可以遺囑方式另行處理。把錢財分配給子孫時，也要有智慧，因為分財產很不容易做到恰到好處而且公平合理。例如，有的孩子自己有能力，根本不需要父母的錢；有的孩子年紀還小，尚未獨立，可能需要多一點保障等等。這些問題都必須考慮到。父母做好計畫後，再召集子女來說明討論，務必使得大家心服口服，不可私下授受，以免子女對父母產生不滿、怨懟的情緒，也促成子女之間的彼此嫉妒，將來還可能造成恩將仇報的天倫慘劇。

把財產捐給宗教慈善社會公益團體

如果子女並不需要父母的財產才能維持生活，那麼父母當為後代的子子孫孫修功積德，用兒孫的名義，把財產捐給宗教慈善社會公益團體。在歐美社會的風氣，子孫多半並不期待父母的遺產，父母也不認為財產一定要給已經獨立的兒孫。他們年紀大了，就把財產捐給教會，存入天國，由教會來處理這些錢，用於宗教福利事業及社會慈善事業。

在臺灣，也可以鼓勵大家接受這種新觀念，它的好處是：一、兒孫以自己的能力賺到錢財，雖然比較辛苦，但能幫助他們腳踏實地為生活打拚，成長得更加健康茁壯。二、把錢捐作社會慈善事業之用，就不必擔心有敗家子出現，這樣對父母本身、對子孫、對社會，都有正面而積極的貢獻。

（選自《法鼓鐘聲》）

Chapter

38

為兒女留下「功德」遺產

許多人不希望自己死，也不想談死，認為寫遺囑是倒楣的事。大部分人明知人生無常、終究一死，但不願面對死亡，連談也不想談。

北投農禪寺旁有塊空地，我們有意承租或購買，好好使用那塊地。但是地主說：「地是我的產業，不賣也不租。」我們只得放棄構想。因此土地一直荒廢著，最後老地主年紀愈來愈大，在一、兩年前往生了。

老地主的兒子問我們還要不要買地，

但我們已經暫時不需要了。地主兒子發現繼承土地時，還必須支付一大筆遺產稅，但他沒錢支付，政府就遺產稅的金額由土地中抵扣，家屬能繼承的土地只剩一點點了。

另外，有一位老太太雖然有兒、有女，但她不住兒女家，安排自己住在安養院，只留下很少部分的財產，其他都分給子女。老太太還寫了遺囑，強調往生後，名下財產都捐給法鼓山，一切安排得妥妥當當，省了自己和兒女的麻煩。

及早安排身後事免紛爭

我們提倡把自己的身後事先交代好，請律師或法院公證，免得兒女起紛爭。父母不要留太多物質財產給兒女，多留非物質的「功德」作遺產，或許更有智慧。

有位老太太很想抱孫子，向媳婦說：「生個孫子，就給一百萬元。」媳婦生下孫子後，老太太真的拿出一百萬元，向媳婦說：「這一百萬元，我替孫子種福、行善，捐給慈善機構利益眾生，這功德一輩子用不完。」她的觀念感動了媳婦，於是媳婦過年時，也將小孩收到的紅包拿出來布施。

※ 有錢不一定幸福

把遺產留給兒孫，是臺灣人的一貫信仰，自己辛苦賺的錢，不捨得給別人用，總想要一代一代傳下去，愈來愈富有。其實，有錢不一定幸福，只留下錢財，卻沒注意到品德、人格，兒孫把從父祖獲得的財富視為理所當然，也就不會珍惜，這樣的遺產反而害了兒孫。

有一些人，即使年紀再大，也不願面對死亡，但有些人年紀輕輕就會安排自己的後事。現代人應有及早安排身後事的自覺，與其忌諱談死亡，不如做好準備，尤其是名下有產業的人，更應盡早規畫，不只是為兒孫，也要為眾生。

（選自《方外看紅塵》）

聖嚴法師的叮嚀

所謂「千萬家財帶不走，
唯有善惡業隨身」。
如果雖不富有，卻能隨分隨力，
自己發願布施，也勸他人布施，
便是廣結善緣、
便是有大福德的人了。

39
真正的孝道

我們是主張回到中國傳統的孝道倫理的。孝，就是追思懷念，如何追思懷念？可以從兩方面來談：

積善之家必有餘慶

第一，是繼承亡者的遺志。中國人有所謂「父喪三年不改其志」，志就是指前人所做的善事、好事，而繼承遺志，是對父母盡孝道的最好表現，所以子孫應該繼續紹隆。

其次，要讓世人持續不斷懷念亡者。大家都知道「積善之家必有餘慶」的道理，為亡者多積善、多種福，後代子孫就會為人所稱讚，說某某人的子孫很孝順，還為他做了這麼多好事。現在有很多人將先人的遺產捐出來成立基金會，做有益社會的事。很多西方人會將父母的遺產捐給教會，同樣地我們也鼓勵大家，將先人遺留的財物以及節省下來的喪葬費用，捐給佛教做為弘法利生的基金，就非常地有意義，可說是紀念亡者，造福生者，冥陽兩利，這才是真正的孝道！

慎終追遠

我們說「慎終追遠」，就是對亡者的過世要非常慎重地處理，因此佛化喪儀是在簡樸之中要有莊嚴隆重，同時在儀式中讓參與者知道亡者生平的美德，使亡者覺得此生不虛度；而讚美亡者，等於勉勵後進，能激勵後人見賢思齊，對家屬也是最好的安慰。同時，以佛法開導亡者，可使亡者超生離苦，心開意解，得生佛國，也可使生者聞法修行。

所以，以佛教的立場來看，死亡不是喜事，也不是喪事，而是莊嚴的佛事。是亡者走上成佛之道的起點或過程；而對參與佛化喪儀的人，則是修學佛法的機會。因此佛化喪儀，對生者、對亡者，都是修學佛法、弘法利生的大功德。用佛教的方式來布置靈堂，氣氛莊嚴、柔和、溫馨，使亡者感覺到好像去西方極樂世界，對生者言則是來送佛上西天。

（選自《法鼓山的方向：關懷》）

40 精神常在

「精神」是非常抽象的名詞，到底精神是存在什麼樣的狀況下？如果生病或死亡，還有精神嗎？

最近我在紐約遇到一位印度教的先生，他將老師的照片供在辦公室裡，平常進入辦公室的第一件事，就是向老師的照片合掌、行禮，然後很用心地注視他。

我問他：「您師父還在嗎？」

他回答：「還在的。」

我又問：「他幾歲了？」

他回答：「他沒有身體。」

我覺得有意思了，就問說：「沒有身體，怎麼說還在呢？」

他告訴我：「我每天來看他的照片，向他問訊、行禮，就能感受到老師與我之間的交流。而且每當我碰到困難，只要來看看老師，往往就能得到一些啟示。這不是用聲音、語言，純粹是一種精神（spirit）的溝通。」所以，這裡講的精神，依佛法來說，指的就是功德身、智慧身，或者說是法身。

以心體會佛的精神

西安法門寺地宮裡發現的佛指舍利即將被迎請到臺灣來，因此有人問我：「那佛指是真的嗎？」我說：「很難說釋迦牟尼佛有留下什麼手指，可是從歷史的傳說來看，這手指從印度傳到西域，然後傳到中國，在唐朝的文獻中也都有記載。所以無論如何，還是一項重要的文物。而且即使是假的，也很值得，因為這代表著佛的精神。」

換句話說，雖然它不一定真的是佛陀身上的東西，但是只要我們把它當成佛，它就是佛了。這就好像我們向釋尊像行禮，釋尊像也不是真的釋尊，但它是釋尊的象徵，也代表著佛的精神。不過，佛的精神不一定要透過「舍利」才能表現出來，因為每個人有不同的需求、不同的信仰、不同的依賴，精神就以不同的形象呈現。

慈悲與智慧的精神

那麼，佛的精神究竟是什麼？我們可以說，佛的精神就是慈悲與智慧，形象只是代表。例如我們法鼓山山上有好幾個佛殿，每個佛殿都有佛像，佛像所代表的就是佛，但它不是真的佛，而是佛的象徵。

因此，我現在問你們：「如果我害病，躺在醫院不省人事，那麼我的精神還有沒有？我的精神在哪裡呢？」在你們的心中啊！當你們和這個世界感受到，我這個人對你們及這個世界曾經有過的影響和功能，那就是我的精神了。

——
（選自《法鼓家風》）

聖嚴法師的叮嚀

我們的一舉一動、甚至一個表情，
都能夠讓人感受到慈悲、智慧，
與人和合、能尊敬人的精神，
有這種精神就能漸漸感召人。

生死 FOLLOW ME 3

告別無憾——40則臨終安心指引

Bidding Farewell Without Regret:
40 Guidelines on Living in Peace before Death

著者	聖嚴法師
選編	法鼓文化編輯部
出版	法鼓文化
總監	釋果賢
總編輯	陳重光
編輯	張晴、詹忠謀
美術設計	化外設計
內頁美編	小工
地址	臺北市北投區公館路186號5樓
電話	(02)2893-4646
傳真	(02)2896-0731
網址	http://www.ddc.com.tw
E-mail	market@ddc.com.tw
讀者服務專線	(02)2896-1600
初版一刷	2023年11月
建議售價	新臺幣200元
郵撥帳號	50013371
戶名	財團法人法鼓山文教基金會—法鼓文化
北美經銷處	紐約東初禪寺 Chan Meditation Center (New York, USA) Tel: (718)592-6593 E-mail: chancenter@gmail.com

法鼓文化

國家圖書館出版品預行編目資料

告別無憾：40則臨終安心指引 / 聖嚴法師著；
法鼓文化編輯部選編. -- 初版. -- 臺北市：
法鼓文化, 2023.11
面； 公分
ISBN 978-626-7345-08-5 (平裝)

1. CST: 生命終期照護 2. CST: 佛教修持

224.15 112014352